Machin-Chouette en forêt

Une histoire écrite par
Paule Brière
et illustrée par
Rémy Simard

Pour Rémy, vieux complice qui y a cru dès le début !
Paule

cheval masqué

Catalogage avant publication de Bibliothèque et Archives nationales du Québec et Bibliothèque et Archives Canada

Brière, Paule

La famille Machin-Chouette en forêt

(Cheval masqué. Au pas) Pour enfants de 6 à 10 ans.

ISBN 978-2-89579-311-3

I. Simard, Rémy. II. Titre. III. Collection: Cheval masqué. Au pas.

PS8553.R453F35 2010 jC843'.54 C2010-940724-5
PS9553.R453F35 2010

Nous reconnaissons l'aide financière du gouvernement du Canada par l'entremise du Programme d'aide au développement de l'industrie de l'édition (PADIÉ) pour nos activités d'édition.

Conseil des Arts du Canada **Canada Council for the Arts**

Bayard Canada Livres inc. remercie le Conseil des Arts du Canada du soutien accordé à son programme d'édition dans le cadre du Programme des subventions globales aux éditeurs.

Cet ouvrage a été publié avec le soutien de la SODEC.
Gouvernement du Québec – Programme de crédit d'impôt pour l'édition de livres – Gestion SODEC.

Dépôt légal –
Bibliothèque et Archives nationales du Québec, 2010
Bibliothèque et Archives Canada, 2010

Direction : Andrée-Anne Gratton
Graphisme : Janou-Ève LeGuerrier
Révision : Sophie Sainte-Marie

4475, rue Frontenac
Montréal (Québec) H2H 2S2 Canada
Téléphone : 514 844-2111 ou 1 866 844-2111
Télécopieur : 514 278-0072
Courriel : edition@bayardcanada.com
Site Internet : www.bayardlivres.ca

Imprimé au Canada

Chapitre

1

TOUT PETIT TUBE

Aujourd'hui, Tigars Machin-Chouette part en randonnée avec sa famille. Ils vont explorer la forêt.

La forêt est belle, grande et verte. Elle est pleine d'écureuils, de grenouilles et de petits oiseaux. Pleine de fleurs, de ruisseaux et de gros cailloux. Pleine de soleil, d'air pur et de vraie nature.

Et pleine de Machin-Chouette aussi…

Maman Chouette porte le panier de pique-nique et la trousse de secours. On n'est jamais trop prudent en forêt.

Le soleil tape déjà. Maman sort la crème solaire. Un peu de crème par-ci, un peu de crème par-là… Maintenant, tout le monde est à l'abri des coups de soleil!

Soudain, Tigars Machin-Chouette s'écrie :

— Hé ! Maman, qu'est-ce que tu fais là ?

Maman Chouette hausse les épaules et elle dit :

— Bof... Ce n'est qu'un petit tube de rien du tout. Et puis il ne faudrait pas que la crème coule sur les sandwichs !

Tigars grimace et répond :
— Beurk, non ! Mais quand même, il me semble que ça pollue...

Chapitre 2

BOÎTE ET BOULETTES

Pour une fois, Ado Machin-Chouette veut bien accompagner sa famille plutôt que de flâner avec ses amis. Allez donc savoir pourquoi...

C'est peut-être pour les barres granola ? C'est si bon, le granola ! Ado Machin-Chouette engouffre une barre après l'autre. On croirait qu'il n'a rien mangé depuis des mois !

Soudain, Tigars Machin-Chouette s'écrie :

— Ho ! Ado, qu'est-ce que tu fais là ?

Ado proteste en croquant une dernière bouchée :

— Euh... Ce n'est qu'une petite boulette de papier de rien du tout. Et puis où veux-tu que je mette ça ?

Tigars Machin-Chouette répond, l'air embêté :

— Ah ! c'est vrai ! Tes poches sont pleines. Mais quand même, tu ne penses pas que ça peut polluer ?

Quelques pas en arrière, Mamzelle Machin-Chouette marche le nez en l'air pour mieux observer les arbres et les feuilles. Elle a bien hâte d'utiliser son nouvel appareil photo.

La voilà qui s'exclame :

— Oh ! il y a plein d'oiseaux : des petits, des gros, des rares et des rigolos. Vite, une photo, avant qu'ils s'envolent tous !

Soudain, Tigars Machin-Chouette s'écrie :

— Hep ! Mamzelle, qu'est-ce que tu fais là ?

Mamzelle Machin-Chouette prend une photo et elle déclare :

— Bah… Ce n'est qu'une petite boîte de rien du tout. Et puis ça fera une jolie cabane pour les oiseaux !

Tigars Machin-Chouette répond en se grattant la tête :

— Hum… Peut-être une mini-cabane pour un bébé oiseau. Mais quand même, ça pollue, non ?

Chapitre

3

COUCHE ET NOUNOURS

Après le dîner, Papa Machin porte Toupti Machin-Chouette sur ses épaules. Il marche doucement, dans l'espoir de surprendre les animaux sauvages.

Mais il n'a pas encore aperçu le reflet de l'ombre du bout de la queue d'un chevreuil. Seulement quelques écureuils.

Papa Machin pense que c'est peut-être l'odeur qui éloigne les animaux. Alors il s'arrête pour changer la couche de Toupti.

Soudain, Tigars Machin-Chouette s’écrie :

— Holà ! Papa, qu’est-ce que tu fais là ?

Papa Machin explique :

— Euh… Ce n’est qu’une petite couche de rien du tout. Et puis ça pue ! As-tu envie de sentir le pipi tout l’après-midi ?

Tigars Machin-Chouette répond, en se pinçant le nez:

— Pouache, non! Mais quand même, je pense que ça pollue...

Toupti Machin-Chouette ne se soucie pas de tout ça. Il rit aux éclats. C'est comique, tous ces trucs machins choses qui volent dans les airs! Il veut jouer à ça, lui aussi...

Soudain, Tigars Machin-Chouette s'écrie :

— Hi ! Toupti, qu'est-ce que tu fais là ?

Toupti babille :

— Ouh ! Ti nounouss yien doudou. Nounouss yahou !

En langage de bébé, ça signifie : « Ce n'est qu'un petit nounours de rien du tout. Et puis mon nounours s'amuse ! »

Tigars Machin-Chouette répond, d'un air sévère :

— D'accord, c'est drôle pour ton nounours. Mais quand même, ça pollue aussi… Quand tu seras grand comme moi, tu comprendras !

Chapitre

4

CROTTE, PROUT, POUACHE !

Pendant ce temps, Chien-Chien Machin-Chouette suit en battant joyeusement de la queue. Il adore se promener en liberté dans la nature, sans maître à tirer au bout de sa laisse.

Chien-Chien renifle les pistes et explore les terriers. Il s'imagine à la chasse au lièvre et à la marmotte. Mais il attrape surtout des miettes de granola !

Soudain, Tigars Machin-Chouette s'écrie :

— Hein ? Chien-Chien, qu'est-ce que tu fais là ?

Chien-Chien s'essuie les pattes et il jappe :

— Wof ! Crotte, crotte, ouahou...

En langage de chien, ça signifie : « Bof ! Ce n'est qu'une petite crotte de rien du tout ! »

Tigars Machin-Chouette répond, les poings sur les hanches :

— O. K., une crotte de chien, c'est naturel. Mais quand même, je suis certain que ça pollue !

Et là, Tigars en a assez. Tous ces trucs machins choses qui atterrissent partout dans la forêt, c'est trop !

Alors Tigars se fâche et crie :

— Oh ! Hé ! bande de Machin-Chouette malappris ! Regardez ce que vous avez fait à la forêt !

Toute la famille se retourne. La forêt n'est plus belle, grande et verte. La forêt est laide, sale et pleine de déchets !

Alors la famille Machin-Chouette se désole :

— Oups ! Ce n'était pourtant qu'un petit bout de truc machin chose de rien du tout…

— Bien sûr, répond Tigars Machin-Chouette. Mais plein de petits bouts de trucs machins choses, ça finit par faire un gros tas de pouarchi pollution. Allez zou, grand ménage, et plus vite que ça !

FIN

Voici les livres AU PAS de la collection :

- [ ] **Casse-toi la tête, Élisabeth !**
de Sonia Sarfati et Fil et Julie
- [ ] **La bataille au sommet**
- [ ] **La grande bataille**
de Katia Canciani et Julie Deschênes
- [x] **La famille Machin-Chouette en forêt**
de Paule Brière et Rémy Simard
- [ ] **La soupe de grand-papa**
- [ ] **Le livre de grand-papa**
de Francine Labrie et Marc Mongeau
- [ ] **Le chat de madame Sonia**
de Marie Christine Hendrickx et Louise Catherine Bergeron
- [ ] **Le monstre de Chambouleville**
de Louise Tidd et Philippe Germain
- [ ] **Le roi Gédéon**
de Pierrette Dubé et Raymond Lebrun
- [ ] **Mange ta soupe, Marlou !**
de Marie Christine Hendrickx et Julie Cossette
- [ ] **Mon frère Théo – Ma sœur Flavie**
- [ ] **Mon prof Marcel – Mon élève Théo**
de France Lorrain et André Rivest
- [ ] **Où est Tat Tsang ?**
de Nathalie Ferraris et Jean Morin
- [ ] **Plus vite, Bruno !**
de Robert Soulières et Benoît Laverdière
- [ ] **Qui a volé le bâton de hockey ?**
de Sharon Jennings et Jean Morin
- [ ] **Une histoire de pêche looooooooooongue comme ça !**
de Robert Soulières et Paul Roux

Lesquels as-tu lus ? ☑